Seifen-Technik

D1858226

Seifenträume

90 TOLLE IDEEN FÜR SELBSTGEMACHTE SEIFEN

MIT STEP-BY-STEP ANLEITUNG

Herzlich willkommen

in der Rico-Seifenküche!
Es muss nicht schwer sein, schöne und ausgefallene Seifen selber herzustellen! Auf den nachfolgenden Seiten sind Techniken und Arbeitsschritte ausführlich beschrieben und mit anschaulichen Fotos demonstriert. Das erforderliche Material haben wir auf dem Foto links für Sie zusammengestellt. Bitte lesen Sie die Anleitung gründlich durch, bevor Sie starten.

Da die Seife erhitzt wird, sollten Kinder sich mit dieser Technik nur unter Aufsicht eines Erwachsenen beschäftigen.

Anstatt in der Mikrowelle können Sie die Seife auch im Wasserbad auf dem Herd schmelzen!

Seife und Farben sind rein pflanzliche Produkte, absolut ungiftig und für Allergiker geeignet. Sollte versehentlich etwas Seife verschluckt worden sein, reichlich warmes Wasser trinken.

Bei den Duftölen handelt es sich nicht um ätherische Öle, allerdings sollten Allergiker vorsichtig testen, ob sie darauf reagieren.

Viel Spaß!

Ihr **RICO-Team**

RICO DESIGN

Das Impressum befindet sich auf der letzten Seite.

1.
Zwei microwellengeeignete Gefäße (für opake und für transparente Seife) bereitstellen. Die gewünschte Seifenmasse ca. 1-2 Min. bei 600 Watt bzw. mittlerer Einstellung erhitzen. Dann in 10-Sekunden-Abständen weiter erhitzen, bis alles flüssig ist. Mit einem Holzstäbchen zwischendurch umrühren. Die Seife sollte beim Erhitzen beobachtet werden, da sie überkochen kann, besonders bei kleineren Mengen!

2.
Will man mehrere unterschiedliche Seifen auf einmal herstellen, kann man 100 ml Seife in feuerfeste Gläser (z.B. Teegläser) abfüllen. Dann je nach Wunsch ca. 15-30 Tropfen Duftöl (=1-2 ml pro 100 ml Seife) hinzufügen, gut umrühren und die gewünschte Farbe tropfenweise zugeben. Mischvorschläge finden Sie auf Seite 36.

3.
Die Gießformen nach Wunsch mit der Seifenmasse füllen. Reste können in kleinere Formen gegossen und zu Gästeseifen oder Dekostücken verarbeitet werden. Man kann sie aber auch erneut einschmelzen, wobei man bei blauer Seife sehr vorsichtig vorgehen muss (siehe Tipps und Tricks). Wenn die Stücke ganz ausgehärtet sind, löst man den Rand vorsichtig mit einem spitzen Messer von der Form und drückt die Stücke heraus.

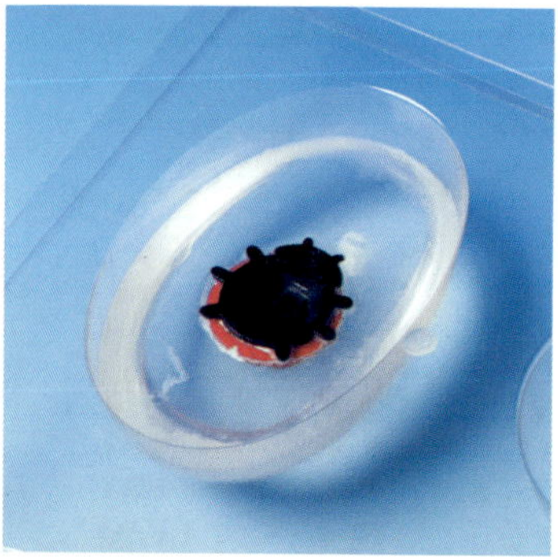

4.
Eingießen von schwimmenden Gegenständen:
Man gießt eine Schicht transparente Seife in die Form, legt den Gegenstand mit der Oberseite nach unten in die flüssige Masse und lässt sie erkalten. Dann gießt man eine zweite Schicht (je nach Wunsch opak oder transparent) darüber.

5.

Nicht schwimmende Gegenstände:
Man füllt etwa 1/3 der Form mit transparenter Seife und lässt diese erkalten. Dann wird der gewünschte Gegenstand auf die Seifenschicht gelegt und eine zweite Schicht transparenter Seife eingefüllt. Soll das fertige Stück nicht vollkommen transparent sein, kann man nach dem Auskühlen noch eine 3. Schicht aus opaker Seife darüber gießen.

6.

Marmorieren:
Die Form mit Seife in der 1. gewünschten Farbe zu ungefähr 4/5 füllen. Wenn sich eine Haut gebildet hat, die 2. Farbe vorsichtig dazu gießen. Wenn man möchte, kann man mit einem Holzstäbchen behutsam Schlieren ziehen. Besonders schön wirkt die Seife, wenn man opake Schlieren in transparente Seife zieht. Man kann auch Farbtropfen direkt in die flüssige Seife geben.

7.

Mehrfarbig schichten:
Man gießt Schicht für Schicht in die Form, wobei diese jeweils ganz auskühlen müssen, da sich sonst die Farben mischen. Falls erforderlich, können die Seifenkanten nach dem Erkalten mit einem Sparschäler bearbeitet werden, damit die einzelnen Schichten besser erkennbar sind.

8.

Mosaikseifen:
Die Grundform wird mit der ersten Farbe ganz ausgegossen. Nach dem Erkalten werden die Einzelstücke passend zugeschnitten und in der gewünschten Form platziert. Gut andrücken! Jetzt kann man die 2. Farbe vorsichtig in die Zwischenräume gießen und erkalten lassen. Nach Wunsch den Vorgang evtl. mit einer 3. Farbe wiederholen.

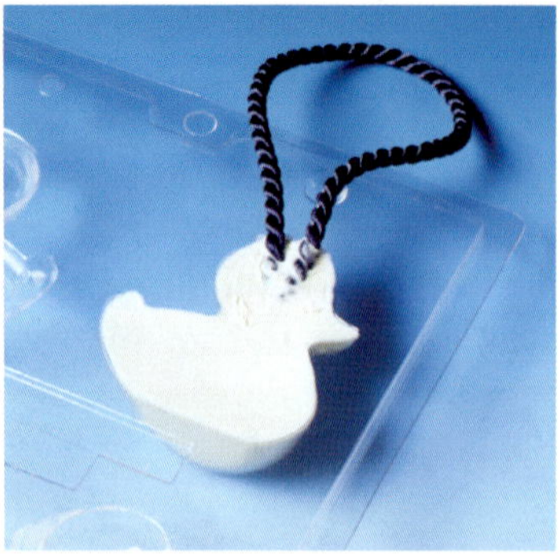

9.

3-D Seifen:
Die Seifenhälften ausgießen; dabei eine Hälfte nicht ganz, sondern nur bis ca. 3 mm unterhalb des Randes füllen. Evtl. ein Band oder eine Kordel einlegen. Beide Hälften ganz erkalten lassen und aus der Form lösen. Dann die nicht ganz gefüllte Seifenhälfte zurück in die Form legen und andrücken. Eine Schicht flüssige Seife daraufgießen und die andere Hälfte hineindrücken.

10.

Nach dem Auskühlen vorsichtig aus der Form lösen, die Ränder mit einem Messer glattschaben und ggf. etwas ausspachteln. Mit einem Holzstäbchen kann man Linien nachziehen und Unebenheiten glätten.

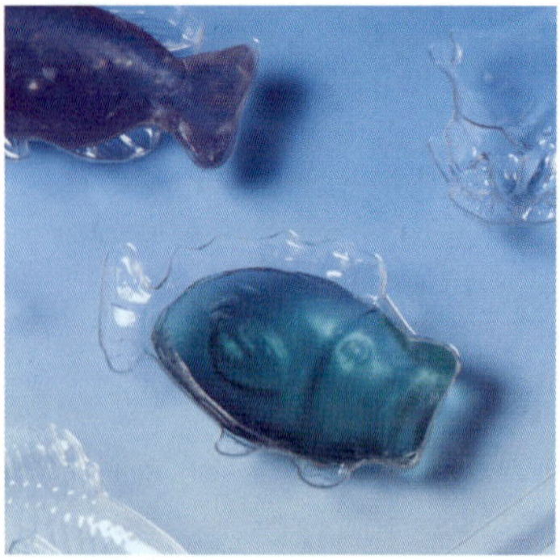

11.

Zweifarbige Motiv-Seifen:
Die Form mit einer Farbe ganz ausgießen und erkalten lassen. Dann die Seife aus der Form lösen und die Teile abschneiden, die eine andere Farbe erhalten sollen. Die Seife zurück in die Form legen, andrücken und mit der 2. Farbe ausgießen.

12.

Ankleben von Deko-Elementen:
Kleinere Teile mittels einer Stecknadel mit der Unterseite in flüssige Seife tauchen und auf das zu dekorierende Seifenstück drücken. Bei größeren Teilen empfiehlt es sich, mit einem kleinen Löffel etwas flüssige Seife auf das zu dekorierende Stück zu träufeln und das Dekoteil hineinzudrücken. Seifenreste können nach dem Erkalten mit einem Holzstäbchen vorsichtig entfernt werden.

13.

Einarbeiten von Zusätzen (z.B. Glitter, Kaffee, Mandelkleie etc.):
Soll eine Seife ganz mit einem Zusatz durchzogen sein, muss die Masse bis kurz vor dem Erstarren immer wieder durchgerührt werden, damit der Zusatz sich nicht absetzt. Dieses Absetzen kann aber auch ein gewünschter Effekt sein (siehe Filligree).

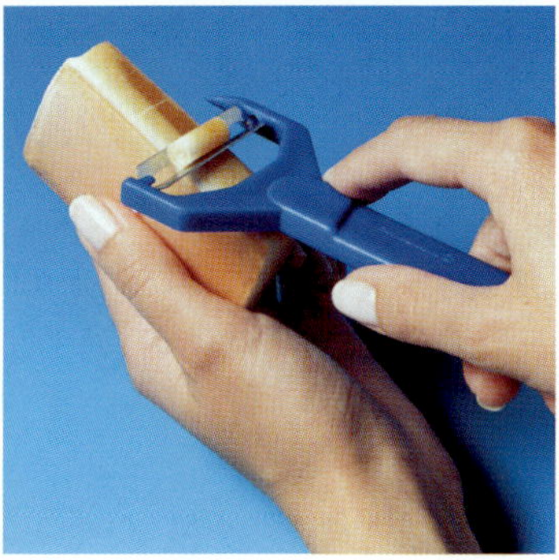

14.

Nacharbeiten:
Unsaubere Kanten kann man mit einem Sparschäler oder einem Messer glätten. Seifenstücke können mit einem Messer kleiner geschnitten, beschnitzt und auch ausgespachtelt werden. Fingerabdrücke auf klaren Seifen einfach mit etwas Wasser abwaschen.

TIPPS UND TRICKS:

- Fertige Seife in Frischhalte- oder Klarsichtfolie einwickeln. Dies erhöht die Transparenz und verhindert ein „schwitzen“ der Seife, bei dem sich auf der Oberfläche kleine Tröpfchen bilden. Diese können aber auch einfach abgewaschen werden.
- Metallgegenstände können oxidieren, wenn man sie in Seife eingießt. Deshalb sollte man sie vorher mit einer Schicht Nagellack überziehen.
- Getrocknete Blüten können beim Eingießen in Seife die Farbe verändern, deshalb evtl. vorher einen Test mit einer einzelnen Blüte machen.
- Besonders gut zum Eingießen eignen sich getrocknete Früchte. Auch Potpourris oder Früchtetee-Sorten können sehr dekorativ sein.
- Transparente Deko-Elemente leuchten auch auf dunklen Seifen, wenn man zuletzt eine dünne Schicht weiße Seife auf die erkalteten Stücke gießt.
- Formen, die ausgeschnitten werden sollen, können mit einem Zahnstocher vorgezeichnet werden.
- Da es sich bei der Farbe Blau um ein reines Naturprodukt handelt, ist diese nicht lichtecht. Es kann daher passieren, dass sie nach einigen Wochen verblasst, wenn sie dem Sonnenlicht ausgesetzt ist. Dieses kann auch bei zu starker Erhitzung passieren, ebenso wie ein Ausflocken der Farbe, was gezielt als Effekt eingesetzt werden kann.

ASIEN

1. AUFGEHENDE SONNE

Ca. 50 ml Seife Transparent, ca. 50 ml Seife Opak, Duft: Lotus, Farbe: Rosen-Rot

Zuerst aus roter Seife den Kreis in der Grundform ausgießen. Nach dem Erkalten rundum ca. 1 cm Seife abschneiden, bis das Stück noch einen Durchmesser von ca. 4 cm hat. Seife mittig in das Rechteck der Grundform legen und andrücken. Die Form bis zum Rand der roten Seife mit weißer Seife auffüllen.

2. BLAUER GOLDFISCH

Ca. 100 ml Seife Transparent, Duft: Lotus, Farbe: Blau, 1 blauer Gummi-Goldfisch

1-2 Tropfen blaue Farbe in die heiße transparente Seife geben (hier soll die Farbe ausflocken, also Seife nicht abkühlen lassen!). Das Oval der Grundform mit Seife füllen und den Goldfisch hineinsetzen.

3. TRANSPARENTE SCHRIFTZEICHEN

Ca. 100 ml Seife Transparent, Duft: Sandelholz, Farben: Blau, Rot, Gelb, 1 Stück breites Dekoband mit Schriftzeichen

Zuerst das Band auf das Rechteck der Grundform zuschneiden. Dann eine Schicht transparent-grauer Seife (siehe Mischanleitung) in die Form gießen und abkühlen lassen, bis sich eine dicke Haut gebildet hat. Dann das Band auf die Seifenschicht legen und die Form mit dem Rest der Seife auffüllen.

4. CHINESISCHE MÜNZE

80 ml Seife Transparent, Duft: Sandelholz, Farben: Blau, Rot, Gelb, 1 Chinesische Münze

Die Münze mit klarem Nagellack überziehen und trocknen lassen. Das Sechseck der Grundform zur Hälfte mit schwarzer Seife ausgießen (siehe Mischanleitung). Nach dem Erkalten die Münze darauf legen und mit farbloser Seife auffüllen.

5. MUSCHEL AUF GLITTER

Ca. 80 ml Seife Transparent, Duft: Cocos, silberfarbener Glitter, 1 Muschel

Das Sechseck der Grundform mit transparenter Seife ausgießen und während des Abkühlens Glitter hineinrühren. Nach dem Erkalten die Muschel in die fertige Seife hineindrehen.

6. CHINESISCHE MÜNZE AM BAND

Ca. 40 ml Seife Opak, ca. 40 ml Seife Transparent, Duft: Mystik, 1 Chinesische Münze mit Loch, 1 Stück grobe Kordel

Zuerst die Münze mit klarem Nagellack überziehen und trocknen lassen. Dann beide Enden der Kordel durch das Loch in der Münze ziehen und verknoten. Den Kreis der Grundform mit transparenter Seife zur Hälfte füllen. Sobald sich eine dicke Haut gebildet hat, die Münze mit Kordel hineinlegen und vorsichtig andrücken. Jetzt die Form mit weißer Seife auffüllen.

RICO
DESIGN
2
3
5
4

MARITIMES BLAU-WEISS

1. DELPHIN AN DER KORDEL

Ca. 30 ml Seife Opak, ca. 100 ml Seife Transparent, Duft: Ocean Breeze, Farbe: Blau, 1 Stück Kordel

Zuerst aus opak-hellblauer Seife jeweils nur den Delphin *(Form „Delphin“)* zweier Formen ausgießen. Nach dem Erkalten in die Aussparung jeder Form ein Kordelende legen, wobei dieses in der Mitte des Delphins enden sollte. Jetzt beide Formen mit transparent-blauer Seife auffüllen und nach dem Erkalten zusammenkleben. Dabei vorgehen, wie in der Anleitung, Punkt 9 und 10, beschrieben. Die beiden Teile werden so geklebt, dass die Kordel rechts und links aus der Seife herauskommt (siehe Foto).

2. LEUCHTTURM IM SAND

Ca. 60 ml Seife Transparent, ca. 20 ml Seife Opak, Duft: Lotus, Farben: Blau, Gelb, 1 flacher Leuchtturm aus Holz

Zuerst den Kreis der Grundform mit transparent-blauer Seife ausgießen und den Leuchtturm hineinlegen. Nach dem Erkalten die „Sanddüne“ abschneiden und die Seife zurück in die Form drücken. In den entstandenen Freiraum opak-gelbe Seife gießen und erkalten lassen. Die Form mit einer Schicht weißer Seife auffüllen.

3. LEUCHTTURM

Ca. 40 ml Seife Opak, ca. 40 ml Seife Transparent, Duft: Mystik, Farben: Blau, 1 hölzerner Leuchtturm

Zuerst eine Schicht opak-weiße Seife in den Kreis der Grundform gießen und erkalten lassen. Dann den Leuchtturm auf diese Schicht stellen und die Form mit transparent-blauer Seife auffüllen.

4. MARMORIERTE 3-D MUSCHELN

Transparente Seifenreste, weiße Seifenreste, Duft: Ocean Breeze, Farbe: Blau

Die Vorder- und Rückseiten der Muscheln *(Form „3 D Muscheln“)* mit transparent-blauer und weißer Seife ausgießen und zusammenkleben, wie in der Anleitung unter Punkt 6, 9 und 10 beschrieben.

5. ANKER-SEIFE

Ca. 100 ml Seife Transparent, ein Seifenrest weiß Opak, Duft: Kokos, Farbe: Blau

Das Rechteck in der Grundform mit transparent-blauer und die Ankerplakette *(Form „Deko“)* mit weißer Seife ausgießen. Nach dem Erkalten den Anker auf die blaue Seife kleben, wie in der Anleitung unter Punkt 12 beschrieben.

6. GROSSE MUSCHEL

Ca. 30 ml Seife Opak, ca. 70 ml Seife Transparent, Duft: Mystik, Farbe: Blau

Zuerst aus opak-weißer Seife eine Muschel *(Form „Tiere“)* gießen und ganz erkalten lassen. Dann die flache Diamantform *(Form „Großer Diamant“)* mit transparent-blauer Seife ausgießen, etwas abkühlen lassen und die Muschel hineinlegen.

RICO
DESIGN
3
4
5

KLASSIK

1. SCHICHTSEIFE MIT EICHENBLATT

Ca. 110 ml Seife Opak, Duft: Ambra, Farben: Rosen-Rot, Grün
Zuerst ein kleines Eichenblatt *(Form „Floral“)* aus ca. 15 ml opak-grüner Seife gießen. Das Oval der Grundform mit einer ca. 3 mm dicken Schicht weißer Seife füllen. Die restliche Seife nach Mischanleitung hellbraun einfärben, die nächste Schicht gießen, die verbleibende Seife wieder dunkler färben. So vorgehen bis zur 6. und letzten Schicht, die dunkelbraun ist. Bitte lesen Sie dazu auch die Anleitung, Punkt 7. Nach dem Erkalten das Eichenblatt aufkleben (siehe Anleitung, Punkt 12).

2. HERZCHEN-GÄSTESEIFEN

Ca. 60 ml Seife Opak, Duft: Lavendel, Farben: Himbeer-Rot, Blau
Nach Mischanleitung die Seife violett einfärben und eine gerade Anzahl Herzchen *(Form „Herzchen“)* damit ausgießen und nach dem Erkalten zusammenkleben. Dabei vorgehen, wie in der Anleitung, Punkt 9 und 10, beschrieben.

3. TRANSPARENTES BLATT (2 STÜCK)

Ca. 100 ml Seife Transparent, Duft: Lotus, 2 kleine Seiden-Efeublätter
Die Blätter in das Rechteck der Grundform in transparente Seife eingießen, wie in der Anleitung unter Punkt 5 beschrieben. Die Blätter so platzieren, dass man das Seifenstück nach dem Erkalten in 2 Teile schneiden kann.

4. TRANSPARENTER SCHMETTERLING

Ca. 100 ml Seife Transparent, Duft: Frühlingsduft, Farbe: Rosen-Rot, 1 Stück Schleifenband mit Schmetterlingen
Das Schleifenband so zuschneiden, dass es etwas kleiner als das Rechteck in der Grundform ist. Dann in zartrosa Seife eingießen, wie in der Anleitung, Punkt 5, beschrieben.

5. WEISSE SEIFE MIT SCHLEIFCHEN

Ca. 90 ml Seife Opak, Duft: Vanille, Farbe: Rosen-Rot
Zuerst den Kreis in der Grundform mit Seife ausgießen. Die restliche Seife zartrosa einfärben und kleine Schleifchen daraus gießen *(Form „Deko“)*. Nach dem Erkalten die Schleifchen nach Anleitung, Punkt 12, auf die weiße Seife kleben.

6. TRANSPARENTE ROSE

Ca. 50 ml Seife Transparent, Duft: Rose, Farbe: Blau
Die Rose *(Form „Große Rose“)* mit transparent-blauer Seife ausgießen und erkalten lassen.

7. RELIEF-SEIFE

Ca. 110 ml Seife Opak, Duft: Frühlingsduft, Farbe: Grün
Aus weißer Seife eine Relief-„Briefmarke“ *(„Form Briefmarke“)* gießen. Dann die restliche Seife Grün einfärben, und das Rechteck in der Grundform ausgießen. Nach dem Erkalten die „Briefmarke“ nach Anleitung, Punkt 12, auf die Seife kleben.

RICO DESIGN
2
3
4
5
6

KÜCHE

1. HONIGSEIFE MIT BIENE

Ca. 80 ml Seife Transparent, Duft: Honig, Farbe: Orange, 1 kleine Kunststoffbiene

Die Biene nach Anleitung, Punkt 5, in das Sechseck der Grundform eingießen.

2. GEWÜRZ-SEIFE

Ca. 100 ml Seife Transparent, Duft: Anis, 1 Sternanis, 2 Nelken, 1 Zimtstange

Die Gewürze nach Anleitung, Punkt 5, in das Rechteck der Grundform eingießen.

3. 2 HÜHNER

Ca. 50 ml Seife Transparent, ca 50 ml Seife Opak, Duft: Zitrone, Farbe: Gelb, 2 flache Holzhühner

Die Holzhühner (s. Anleitung, Punkt 4) in 2 Schichten transparenter Seife in das Oval der Grundform eingießen und erkalten lassen. Dann die Form mit opak-gelber Seife auffüllen.

4. KAFFEE-SEIFE

Ca. 70 ml Seife Opak, ca. 30 ml Seife Transparent, Duft: Karamell, Farben Rosen-Rot, Grün, 3 Kaffeebohnen, 1 Tl Kaffeepulver

Zuerst das Rechteck der Grundform mit einer Schicht transparenter Seife ausgießen und die Kaffeebohnen mit der flachen Seite nach unten hineinlegen und erkalten lassen. Die opake Seife schmelzen, nach Mischanleitung hellbraun färben und das Kaffeepulver unterrühren. Etwas abkühlen lassen und die Form auffüllen.

5. CRÈME KARAMELL

Ca. 50 ml Seife Opak, 30 ml Seife Transparent, Düfte: Vanille, Karamell, Farben: Gelb, Orange

Zuerst in den Kreis der Grundform eine Schicht transparent-oranger Seife mit Karamellduft gießen. Nach dem Erkalten die weiße Seife zartgelb einfärben, Vanilleduft unterrühren und die Form auffüllen.

6. ORANGEN-SEIFE

Ca. 80 ml Seife Transparent, Duft: Orange, Farbe: Orange, 1 getrocknete Orangenscheibe

Die Orangenscheibe, wie in der Anleitung unter Punkt 4 beschrieben, in transparent-orange Seife eingießen.

RICO
DESIGN
2
3
4
5

POPPIG BUNT

1. REGENBOGEN BONBONS (4 STÜCK)

Ca. 100 ml Seife Transparent, Duft: Erdbeere, Farben: Blau, Gelb, Himbeer-Rot

Nach Anleitung, Punkt 7, eine Schichtseife im Rechteck der Grundform herstellen. Reihenfolge der Schichten: Blau - Gelb - Himbeer-Rot. Das Seifenstück nach dem Erkalten vierteln.

2. HERZ-SEIFE

Ca. 100 ml Seife Transparent, Duft: Erdbeere, Farbe: Rot, silberfarbener Glitter

Zuerst aus ca. 30 ml transparenter Seife zwei rote Herzchen *(Form „Herzchen")* gießen, diese nach dem Erkalten zusammenkleben (siehe Anleitung, Punkt 9-10). Dann den Kreis in der Grundform zu 4/5 mit transparenter Seife füllen, etwas abkühlen lassen, den Glitter einrühren (Anleitung, Punkt 13) und das Herz mittig hineinlegen.

3. ORCA UND HAI (2 STÜCK)

Ca. 100 ml Seife Transparent, Duft. Ocean Breeze, Farbe: Blau, je 2 kleine Haie und Orcas

Die 4 Tiere (siehe Anleitung, Punkt 5) in transparente Seife eingießen. Dabei die Seifenmasse nur ganz leicht einfärben, am besten mit einem in Farbe getauchten Holzstäbchen. Nach dem Erkalten in 2 Hälften teilen und die Kanten glätten.

4. GÄSTESEIFEN KROKODILE UND FISCHE

Seifenreste in beliebigen Farben und Düften

Für den 2-farbigen Fisch siehe Anleitung, Punkt 11 *(Formen: Fischsortiment, Maritim)*.

5. MOSAIK-SEIFE

Ca. 150 ml Seife Transparent, Duft: Brombeer, Farben: Himbeer-Rot, Grün

Das Rechteck der Grundform mit grüner Seife ausgießen, nach dem Erkalten in Würfel schneiden. Drei davon im Oval der Grundform platzieren und die Form mit roter Seife auffüllen.

6. GOLDENE HERZCHEN

Ca. 80 ml Seife Transparent, Duft: Orange, Farbe: Gelb, 2 goldfarbene Holzherzchen

Holzherzchen nach Anleitung, Punkt 4, in die Seife eingießen.

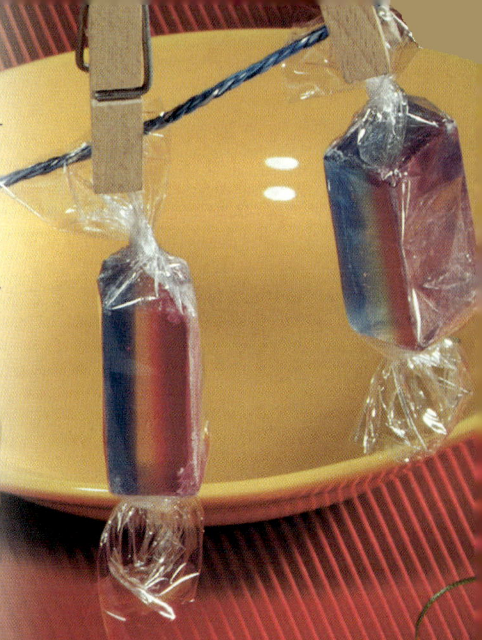

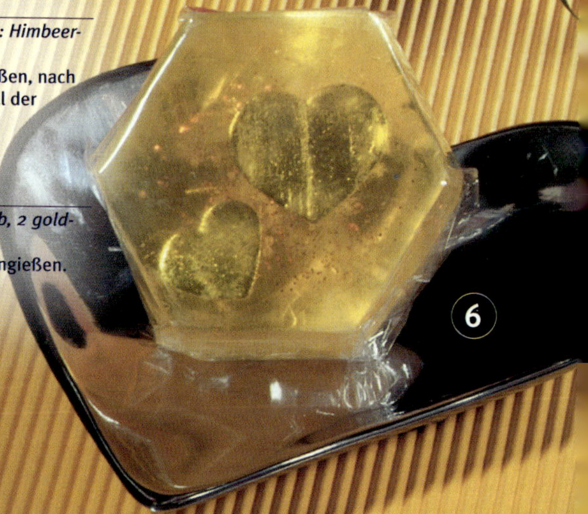

1
2
5
3
4

PLITSCH-PLATSCH BADESPASS

1. HANDSEIFE

Ca. 80 ml Seife Transparent, Duft: Ocean Breeze, eine Kunststoffhand (Kühlschrankmagnet), silberfarbener Glitter
Nach Anleitung (Punkt 5) die Hand in das Sechseck der Grundform in transparente Seife eingießen. Vor dem Ausgießen der Form Glitter in die Seife einarbeiten, wie in der Anleitung unter Punkt 13 beschrieben.

2. BÄRCHEN-MOSAIK

Ca. 100 ml Seife Transparent, Duft: Grüner Apfel, Farbe Grün, 3 Bärchen aus Glas
Zuerst das Rechteck der Grundform mit grüner Seife ausgießen. Dieses nach dem Erkalten in 6 gleich große Stücke schneiden, drei davon wieder zurück in die Form legen und vorsichtig andrücken. Dann mit farbloser Seife je eine Schicht in die Freiräume gießen, erkalten lassen, Bärchen einlegen und mit farbloser Seife auffüllen.

3. ENTCHEN

Ca. 100 ml Seife Opak, Duft: Zitrone, Farbe: Gelb, 1 Stück Kordel
Die 3-dimensionale Ente *(Form „Gummi-Ente“)* anfertigen, wie in der Anleitung unter Punkt 9 und 10 beschrieben.

4. LEUCHTFROSCH

Ca. 100 ml Seife Transparent, Duft: Brombeer, Farbe: Himbeer-Rot, 1 Kunststoff-Leuchtfrosch, 2 Kunststoff-Leuchtsternchen
Das Rechteck der Grundform mit roter Seife zu 1/4 ausgießen und erkalten lassen. Den Frosch und einen Stern auf die rote Schicht setzen und die Form mit farbloser Seife auffüllen. Den 2. Stern in die Masse gleiten lassen und vorsichtig untertauchen, bis er gut mit Seife bedeckt ist.

5. 2 MÄUSE

Ca. 40 ml Seife Transparent, ca. 40 ml Seife Opak, Duft: Zitrone, Farbe: Gelb, 2 kleine Holzmäuse
Den Kreis in der Grundform mit einer Schicht opak-gelber Seife ausgießen und nach dem Erkalten die Mäuse darauf setzen. Mit farbloser Seife auffüllen.

6. VERSCHIEDENE FISCHCHEN

Seifenreste in beliebigen Farben und Düften
Für 2-farbigen Fisch siehe Anleitung, Punkt 11 *(Form „Fischsortiment“)*.

3
2
5
4

EINFACH TIERISCH

1. ELEFANT

Ca. 130 ml Seife Transparent, Duft: Gras, Farben: Gelb, Grün, 1 kleiner Elefant

Das Sechseck der Grundform komplett mit ca. 80 ml grüner Seife ausgießen. Erkalten lassen, in Baumform schneiden und zurück in die Form drücken. Mit ca. 50 ml transparent-gelber Seife auffüllen (siehe Anleitung, Punkt 5).

2. PFERD (2 STÜCK)

Ca. 100 ml Seife Transparent, Duft: Ambra, Farben: Rosen-Rot, Blau, Gelb, 2 Pferdchen

Die Pferdchen in 80 ml transparente Seife eingießen (siehe Anleitung, Punkt 5). Nach dem Erkalten ca. 20 ml schwarze Seifenmasse (siehe Mischanleitung) als Abschluss-Schicht auf die Seife gießen. Die aus der Form gelöste Seife in 2 Stücke schneiden.

3. KAMEL

Ca. 80 ml Seife Transparent, ca. 30 ml Seife Opak, Duft: Cocos, Farbe: Gelb, 1/2 Tl. Mandelkleie, 1 kleines Kunststoff-Kamel

Das Kamel in die transparente Seife eingiessen (siehe Anleitung Punkt 5), jedoch den Kreis der Grundform nur soweit füllen, dass das Kamel gerade eben bedeckt ist. Nach dem Erkalten den „Boden“ unter dem Kamel wegschneiden. Zurück in die Form drücken und mit opak-gelber Mandelkleie-Seife auffüllen.

4. FROSCHSEIFE

Ca. 100 ml Seife Transparent, ein grüner Rest Seife Opak, Duft: Lavendel, Farbe: Blau, 1 Spielzeugfrosch

Spitze Diamantform *(Form „Großer Diamant“)* zu 1/3 mit transparenter Seife füllen, erkalten lassen. Dann das 2. Drittel auffüllen und den Frosch mit der Oberseite nach unten einlegen. Auskühlen lassen und den grünen Seifenrest auf die Unterseite des Frosches träufeln. Den Rest transparente Seife blau einfärben und damit die Form auffüllen.

5. TIGERSEIFE

Ca. 40 ml Seife Opak, ca. 50 ml Seife Transparent, Duft: Sandelholz, Farben: Orange, Schwarz (siehe Mischanleitung)

Den Kreis der Grundform zur Hälfte mit opak-oranger Seife ausgießen. Nach dem Erkalten Tigerstreifen ausschneiden, zurück in die Form drücken und mit transparent-schwarzer Seife auffüllen.

6. KUHSEIFE

Ca. 100 ml Seife Opak, ca. 50 ml Seife Transparent, Duft: Vanille, Farben: Blau, Rosen-Rot, Gelb, 1 flache Holzkuh

Das Rechteck der Grundform mit opak-weißer Seife ausgießen, Flecken ausschneiden und mit schwarzer Seife (s. Mischanleitung) auffüllen. Die Seife zurück in die Form legen, die Holzkuh darauf platzieren und eine dünne Schicht transparente Seife darüber gießen.

7. PFERD UND KUH

Ca. 100 ml Seife Transparent, ca. 20 ml Seife Opak, Duft: Gras, Farbe: Grün, 1 Kunststoff-Pferdchen, 1 Kunststoff-Kuh

Tiere nach Anleitung, Punkt 5, in transparente Seife eingießen. Nach dem Erkalten den „Boden“ unter den Füßen der Tiere abschneiden und mit grüner Seife auffüllen. Als Form benutzen Sie das Rechteck in der Grundform.

2
3
4

EDLE STÜCKE

1. GOLDNUGGET

Ca. 25 ml Seife Transparent, ca. 25 ml Seife Opak, Duft: Mystik, Farbe: Blau, 1 Glasnugget Gold-Metallic

Den Kreis der Grundform zur Hälfte mit opak-blauer Seife ausgießen. Nach dem Erkalten das Nugget hineinlegen und mit transparenter Seife auffüllen.

2. SILBERNUGGET MIT ENGELSHAAR

Ca. 80 ml Seife Transparent, Duft: Vanille, 1 Glasnugget Silber-Metallic, etwas silbernes Engelshaar

Das Sechseck der Grundform zur Hälfte mit transparenter Seife ausgießen. Engelshaar in der hohlen Hand zu einer Kugel formen und flach drücken. Mit dem Nugget zusammen auf die erkaltete Seifenschicht legen und die Form ganz auffüllen.

3. DIAMANT-SEIFE (2 STÜCK)

Ca. 100 ml Seife Opak, ca. 20 ml Seife Transparent, Duft: Vanille, Farbe: Himbeer-Rot

Das Rechteck der Grundform mit opak-weißer Seife füllen. Nach dem Erkalten in 2 Hälften schneiden, Kanten säubern und nach der Anleitung, Punkt 12, mit je einem, aus pink-transparenter Seife gegossenen, Diamanten verzieren *(Form „Deko“)*.

4. GLITTER-FILLIGREE AUF WEISS

Ca. 100 ml Seife Opak, ca. 10 ml Seife Transparent, Duft: Zitrone, kupferfarbener Glitter

Oval der Grundform mit weißer Seife ausgießen. Transparente Seife für den Schnörkel NICHT abkühlen lassen, bevor der Glitter hinzugefügt wird, sondern sofort in die Form *(Form „Filligree“)* gießen. Nach dem Erkalten auf die Seife kleben (siehe Anleitung, Punkt 12).

5. MUSCHEL AUF SCHWARZ (2 STÜCK)

Ca. 120 ml Seife Transparent, Duft: Ambra, 2 goldfarbene Metallfischchen, Farben: Rot, Blau, Gelb

Zuerst 2 transparente Muscheln gießen *(Form 3-D Muscheln)* und die Fischchen mit der Oberseite nach unten in die Muscheln legen. Restliche Seife schwarz einfärben (siehe Mischanleitung) und in das Rechteck der Grundform gießen. Schwarze Seife halbieren und die Hälften mit je einer Muschel dekorieren wie in der Anleitung, Punkt 12, beschrieben.

6. TRANSPARENTES GLITTER-FILLIGREE

Ca. 120 ml Seife Transparent, Duft: Lotus, kupferfarbener Glitter

Zuerst Filligree *(Form „Filligree“)*, wie bei Seife 4 beschrieben, gießen und erkalten lassen. Dann das Rechteck der Grundform mit transparenter Seife ausgießen. Etwas abkühlen lassen, dann das Filligree hineinlegen. Nach dem Erkalten die Kanten der Seifenoberseite mit dem Sparschäler abschrägen.

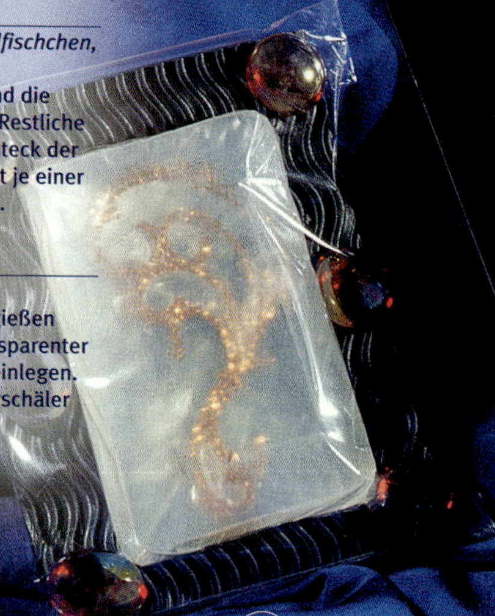

6

RICO
DESIGN
2
3
5
4

BLÜTEN GETROCKNET UND GEPRESST

1. GELBE BLÜTE

Ca. 100 ml Seife Opak, ca. 30 ml Seife Transparent, Duft: Frühlingsduft, 1 getrocknete und gepresste gelbe Blüte

Zuerst eine Schicht transparente Seife in das Oval der Grundform gießen. Wenn sich eine zarte Haut gebildet hat, die Blüte mit der Oberseite nach unten in die Seife legen und mit einem Holzstäbchen vorsichtig andrücken. Nach dem Erkalten die Form mit weißer Seife auffüllen (siehe Anleitung, Punkt 4 und 5).

2. TRANSPARENTES BLATT

Ca. 100 ml Seife Transparent, Duft: Gras, Farbe: Grün, 2 Blattgerippe

Die Seifenmasse mit einem in Farbe getauchten Holzstäbchen ganz zart Grün einfärben und in das Rechteck der Grundform füllen. Das 1. Gerippe in die Seife legen und vorsichtig in das untere Drittel drücken. Das 2. Gerippe darüber legen und untertauchen bis es gut mit Seife bedeckt ist.

3. ROSENKNOSPEN-SEIFE

Ca. 50 ml Seife Transparent, Duft: Rose, Farbe: Rot, 3 getrocknete Rosenknospen

Die Knospen wie in der Anleitung, unter Punkt 5, beschrieben mit Seife in den Kreis der Grundform eingießen.

4. TRANSPARENTE BLÜTEN

Ca. 80 ml Seife Opak, Duft: Lotus, 2 große und 4 kleine gepresste Trockenblüten

Die Seifenmasse in Schichten in das Sechseck der Grundform gießen. Dabei nach jeder Schicht eine Blüte in die Seife legen, kurz abkühlen lassen und die nächste Schicht vorsichtig darauf gießen.

5. LAVENDELSEIFE

Ca. 30 ml Seife Transparent, ca. 80 ml Seife Opak, Duft: Lavendel, Farben: Himbeer-Rot, Blau, 1 gepresste Trockenblütendolde

Anfertigung wie bei Seife 1, der violette Farbton muss nach der Mischtabelle gemischt werden.

2
3
4
5

FLORALES

1. BLÜMCHEN-GÄSTESEIFEN

Ca. 100 ml Seife Transparent, Duft: Rose, Farben: Blau, Gelb, Rosen-Rot
Die Seife schmelzen, Duft hinzufügen, und je 1/3 davon Blau, Gelb und Rosen-Rot einfärben. Die Seifen in die Blütenformen *(Form „Floral")* gießen.

2. ROSEN AM BAND

Ca. 50 ml Seife Transparent, ca. 50 ml Seife Opak, Duft: Rose, Farbe: Blau, ca. 40 cm blaues Satinband
Zwei Rosenformen *(Form „Große Rose")* jeweils zur Hälfte mit transparent-blauer Seife ausgießen und abkühlen lassen, bis sich eine nicht zu dünne Haut gebildet hat (sie muß nachgeben, wenn man leicht darauf drückt). Dann vorsichtig die Form mit weißer Seife auffüllen und die beiden Enden des Satinbandes ungefähr 5 cm weit in je eine der Rosen legen. Nach dem Erkalten die Blätter der Seifen an der Blütenkontur entlang mit einem Messer abschneiden.

3. ROTE ROSE

Ca. 25 ml Seife Opak, ca. 25 ml Seife Transparent, Duft: Rose, Farbe: Himbeer-Rot
So vorgehen wie bei den Rosen am Band, nur dass kein Band eingelegt und die Blätter nicht entfernt werden.

4. BLAUE TULPE (2 STÜCK)

Ca. 100 ml Seife Opak, ca. 30 ml Seife Transparent, Duft: Frühlingsduft, Farbe: Blau
Zuerst 2 kleine Tulpen *(Form „Floral")* aus transparent-hellblauer Seife gießen. Dann das Rechteck der Grundform mit opak-blauer Seife ausgießen, nach dem Erkalten in 2 Teile schneiden und die Kanten glätten. Auf jedes Stück wie in der Anleitung, unter Punkt 12 beschrieben, eine kleine Tulpe kleben.

5. ROSA BLÜMCHEN MIT BLATT

Ca. 90 ml Seife Opak, ca. 15 ml Seife Transparent, Duft: Lavendel, Farben: Rosen-Rot, Grün
Zuerst eine transparent-rosa Blüte *(Form „Floral")* und ein opak-grünes Blatt *(Form „Floral")* gießen. Dann das Sechseck in der Grundform mit opak-rosa Seife füllen. Nach dem Erkalten von Blüte und Blatt beides aus der Form nehmen, die Blüte so auf die runde Seite des Blattes setzen, dass ungefähr ein Drittel davon verdeckt ist. Mit einem Zahnstocher die Kontur der Blüte auf das Blatt ritzen und diese Kontur mit dem Messer nachschneiden. Jetzt passt die Blüte in das Blatt (siehe Foto) und beides kann auf das erkaltete Seifenstück geklebt werden.

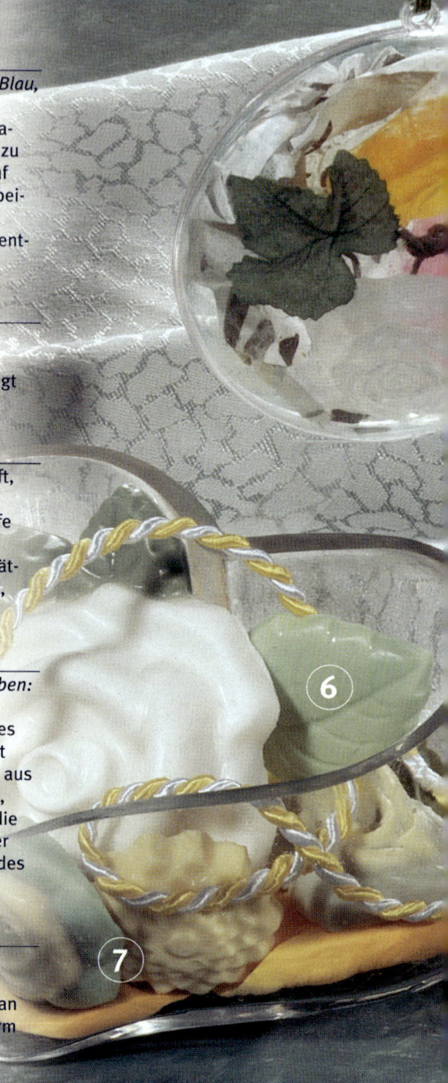

6. WEISSE ROSE MIT GRÜNEN BLÄTTERN

Ca. 50 ml Seife Opak, Duft: Lotus, Farbe: Grün
Die Rosenform *(Form „Große Rose")* mit weißer Seife ausgießen und erkalten lassen. Aus der Form nehmen, die Blätter mit einem Messer an der Blütenkontur entlang abschneiden und die Blüte zurück in die Form drücken. Die Blätter mit etwas opak-grüner Seife wieder ausgießen.

7. GELB-GRÜNE GÄSTESEIFEN

Gelbe und grüne Seifenreste Opak, Duft je nach Seifenrest
Kleine Blütenformen *(Form „Florales")* ganz oder zur Hälfte mit gelben Seifenresten ausgießen. Die halbgefüllten Formen nach dem Erkalten mit grünen Resten auffüllen.

RICO
DESIGN
1
2
5
3
4

WITZIGES

1. BABYFLÄSCHCHEN

Ca. 40 ml Seife Transparent, ca. 40 ml Seife Opak, Duft: Karamell, ein kleines Babyfläschchen (Kühlschrankmagnet)
Die opak-weiße Seife in den Kreis der Grundform gießen und das Fläschchen hineinlegen. Nach dem Erkalten mit transparenter Seife auffüllen.

2. FLIEGE UND SPINNE

Ca. 80 ml Seife Transparent, Duft: Honig, Farbe: Rosenrot, 1 Kunststoff-Fliege, 1 Kunststoff-Spinne
Die Tierchen nach Anleitung, Punkt 5, in transparente Seife eingießen.

3. SCHLOSSGESPENST

Ca. 100 ml Seife Transparent, Duft: Grüner Apfel, Farbe: Blau, 1 flaches Holzgespenst, silberfarbener Glitter
Das Gespenst nach Anleitung, Punkt 5, in Seife eingießen. 1. Schicht: transparent-farblos, 2. Schicht: transparent-dunkelblau mit Glitter.

4. BIERSEIFEN

Ca. 60 ml Seife Transparent, ca. 30 ml Seife Opak, Duft: Zitrone, Farbe: Gelb, 3 kleine Kunststoff-Schnapsgläser
Die Gläschen bis zur 0,2 cl Markierung mit transparent-gelber Seife füllen und erkalten lassen. Die Seife vor dem Einfüllen erst etwas abkühlen lassen, da sich sonst die Gläschen verformen können! Als Abschluss eine „Schaumkrone" aus weißer Seife auf die Becher gießen. Die Seife dafür beim Erkalten kräftig durchrühren, bis sie sich so gerade eben noch gießen läßt.

5. SCHWIMMENDER DELPHIN

Ca. 100 ml Seife Transparent, Duft: Ocean Breeze, Farbe: Blau, 1 Kunststoff-Delphin
Das Rechteck der Grundform mit blauer Seife ausgießen und den Delphin hineinlegen.

6. SCHILDKRÖTENSEIFE

Ca. 120 ml Seife Transparent, Duft: Zitrone, Farbe: Grün
Das Sechseck in der Grundform mit transparenter Seife ausgießen. Die restliche Seife grün färben und damit eine Schildkröte *(Form „Maritim")* gießen. Nach dem Erkalten beider Seifen die Schildkröte, wie in der Anleitung unter Punkt 12 beschrieben, auf die Grundform kleben.

2
3
4
5

NATÜRLICH SCHÖN

1. MANDELKLEIE-HONIG-SCHICHTSEIFE (2 STÜCK)

Honigseife: ca. 50 ml Seife Transparent, Duft: Honig, Farbe: Orange
Mandelseife: ca. 50 ml Seife Opak, Duft: Vanille, 1 Tl. Mandelkleie
Mit der Mandelkleie beginnend abwechselnd ca. 3 mm dicke Schichten von jeder Seife in das Rechteck der Grundform gießen. Dabei nach der Anleitung (Punkt 7) vorgehen. Die Seife nach dem Erkalten in 2 Stücke schneiden und die Kanten glätten.

2. KRÄUTERSEIFE MIT ROSMARIN

Ca. 100 ml Seife Transparent, Duft: Kräuter, Farbe: Grün, 1 getrockneter Rosmarinzweig
Den Zweig nach Anleitung (Punkt 4) in die Seife eingießen.

3. ROSMARINSEIFE MIT BLATT

Ca. 80 ml Seife Opak, Duft: Kräuter, Farbe: Grün, 1/2 Tl. getrocknete Rosmarin-Nadeln
Die Seife schmelzen und mit dem Duft versehen. Etwas Seife für das Blatt (Form „Floral") in ein kleines Glas abfüllen und grün einfärben. Dann den Rosmarin unter die restliche Seife rühren und damit den Kreis der Grundform ausgießen. Nach dem Erkalten das Blatt auf die Seife kleben (siehe Anleitung, Punkt 12).

4. MOSAIKSEIFE MANDELKLEIE-KAFFEE (2 STÜCK)

Kaffeeseife: ca. 100 ml Seife Opak, Duft: Karamell, Farben: Rosen-Rot, Grün, 1 Tl. Kaffeepulver
Mandelseife: ca. 100 ml Seife Opak, Duft: Vanille, 1 Tl. Mandelkleie
Mit der braunen Kaffeeseife (siehe Mischanleitung) das Rechteck der Grundform ausgießen. Nach dem Erkalten die Seife in 8 gleich große Stücke zerschneiden, 4 davon wieder zurück in die Form setzen und vorsichtig andrücken. Jetzt werden die Zwischenräume mit Mandelseife aufgefüllt. Mit den restlichen Stückchen Kaffeeseife genauso verfahren.

5. KRÄUTERSEIFE MIT LORBEERBLATT

Ca. 100 ml Seife Transparent, Duft: Kräuter, Farbe: Grün, 1 getr. Lorbeerblatt
Das Rechteck der Grundform mit farbloser Seife ausgießen, das Lorbeerblatt hineinlegen und mit einem Holzstäbchen untertauchen, bis es mittig in der Seife „schwebt". Das Holzstäbchen in die Farbe tauchen und damit grüne Schlieren in die Seife ziehen.

3
4
5

FRUCHTIG-FRISCH

1. KIRSCH-TÖRTCHEN

Ca. 80 ml Seife Opak, Duft: Wildkirsche, Farbe: Rosen-Rot, 1 Kunststoffkirsche mit Stiel

Den Kreis der Grundform mit rosafarbener Seife ausgießen, die Kirsche hineindrücken und kurz vor dem Erstarren etwas bewegen, damit die Oberfächenstruktur entsteht.

2. ZITRONE AM BAND

Ca. 80 ml Seife Transparent, ca. 20 ml Seife Opak, Duft: Zitrone, Farbe: Gelb, 1 Stück gelbe Kordel

Den Kreis der Grundform mit transparent-gelber Seife ausgießen. Nach dem Erkalten rundherum ca. 8 mm Seife wegschneiden (siehe Anleitung, Punkt 8), das Stück in 6 gleich große Teile schneiden und mit Zwischenraum zurück in die Form setzen. Die Freiräume mit weißer Seife ausfüllen. Nach dem Erkalten ca. 4 mm der äußeren Schicht abhobeln, erneut in die Form drücken und den Rand mit opak-gelber Seife ausgießen.

3. ERDBEERSEIFE

Ca. 100 ml Seife Transparent, Duft: Erdbeere, Farbe: Rosen-Rot, 1 Kunststoff-Erdbeere

Das Oval der Grundform wird mit roter Seife ausgegossen und die Erdbeere hineingelegt.

4. BROMBEERSEIFE (2 STÜCK)

Ca. 50 ml Seife Transparent, Duft: Brombeere, Farben: Blau, Himbeer-Rot, 2 künstliche Brombeeren am Draht

Von der ersten Brombeere den Draht entfernen und im Quadrat der Grundform in violette Seife eingießen (siehe Punkt 4 der Anleitung und Mischanleitung). Dafür die Brombeeren jeweils in einer Hälfte der Form platzieren. Nach dem Erkalten das Seifenstück halbieren.

5. LIMONENSEIFE

Ca 80 ml Seife Transparent, ca. 40 ml Seife Opak, Duft: Zitrone, Farbe: Gelb, 1 getrocknete Limonenscheibe

Die Limonenscheibe, wie in Punkt 4 der Anleitung beschrieben, in das Sechseck der Grundform eingießen.

6. TUTTI-FRUTTI

Ca. 100 ml Seife Transparent, Duft: Grüner Apfel, Farbe: Grün, 3 kleine Holzfrüchte

Die Früchte, wie in Punkt 4 der Anleitung beschrieben, in das Oval der Grundform eingießen.

RICO DESIGN
3
4
6
5

HERRENGESCHENKE

1. FÜR KLEINE KÖNIGSTIGER

Ca. 100 ml Seife Transparent, Duft: Ambra, Farben: Blau, Gelb, Rot, 2 kleine Kunststofftiger

Zuerst das Oval in der Grundform zur Häfte mit transparenter Seife ausgießen. Nach dem Erkalten die 2 Tiger auf die Fläche legen und mit einer weiteren Schicht transparenter Seife bedecken. Wieder erkalten lassen. Den Rest der Seife nach Mischanleitung schwarz einfärben und als letzte Schicht in die Form gießen.

2. FÜR DEN HOBBY-FOTOGRAFEN

Ca. 80 ml Seife Transparent, Duft: Erdbeere, Farbe: Rosen-Rot, 1 kleiner Film (Kühlschrankmagnet)

Eine ca. 4 mm dicke Schicht transparenter Seife in das Sechseck der Grundform gießen und abkühlen lassen. Den Film darauf legen und mit farbloser Seife auffüllen. Mit einem in Farbe getauchten Holzstäbchen die roten Schlieren in die Seife ziehen.

3. GELDWÄSCHE

Ca. 100 ml Seife Transparent, Duft: Mystik, Farbe: Blau, 1 Geldschein (Kühlschrankmagnet), silberfarbener Glitter

Zuerst die Hälfte des Rechtecks der Grundform mit farbloser Seife ausgießen und erkalten lassen. Dann den Geldschein mit der farbigen Seite nach unten in die Form legen und gut andrücken. Jetzt mit dunkelblau-transparenter Seife, in die Glitter eingerührt wurde, auffüllen.

4. FÜR DEN MUSIKFAN

Ca. 50 ml Seife Transparent, Duft: Sandelholz, Farben: Blau, Rot, Gelb, 1 kleine Kunststoffkassette (Kühlschrankmagnet)

Die Kassette wie in der Anleitung, Punkt 4, beschrieben in die 1. Hälfte der transparenten Seife eingießen. Für die 2. Schicht die restliche Seife nach Mischanleitung schwarz einfärben.

5. ZOCKER-SEIFE

Ca. 50 ml Seife Transparent, ca. 50 ml Seife Opak, Duft: Grüner Apfel, Farbe: Grün

Das Rechteck der Grundform mit opak-grüner Seife ausgießen. Nach dem Erkalten die kleinen Spielkarten und die Würfel einlegen und etwas andrücken. Die Form mit farbloser Seife auffüllen.

6. MOTORFAN

Ca. 100 ml Seife Transparent, Duft: Ambra, Farben: Blau, Rosen-Rot, Gelb, 1 kleiner Ölkanister (Radiergummi)

Den „Ölkanister" wie in der Anleitung, Punkt 5, beschrieben, in die transparente Seife eingießen. Ein Holzstäbchen in etwas schwarzgefärbte Seife tauchen und am Deckel des „Ölkanisters" schwarze Schlieren in die heiße Seife ziehen.

RICO DESIGN

NATUR MARITIM

1. MUSCHEL IM SAND

Ca. 120 ml Seife Opak, Duft: Vanille, 1 Tl Mandelkleie
Zuerst aus weißer Seife die Muschel *(Form „3-D Muscheln“)* gießen. Dann die Mandelkleie in die restliche Seife rühren, das Oval der Grundform damit ausgießen und nicht mehr umrühren, damit sich die Kleie am Boden absetzt. Nach dem Erkalten die Muschel, wie in der Anleitung unter Punkt 12 beschrieben, auf die Seife kleben.

2. FISCH IM WASSER

Ca. 100 ml Seife Transparent, ca. 20 ml Seife Opak, Duft: Ocean Breeze, Farbe: Grün, silberfarbener Glitter
Zuerst aus opak-grüner Seife den Fisch gießen *(Form „Fischsortiment“)* und den Glitter in die heiße Masse streuen. Nach dem Erkalten aus der Form lösen. Jetzt das Rechteck der Grundform bis ca. 3 mm unterhalb des Randes mit transparenter Seife ausgießen. Die Masse etwas abkühlen lassen, dabei umrühren. Wenn sie gerade noch flüssig ist, den Fisch mit der Oberseite nach unten hineinlegen.

3./4. 2 HUMMER

Ca. 100 ml Seife Opak, Duft: Sandelholz, Farben: Orange, Rosen-Rot, 1 Stück Jute-Kordel, kupferfarbener Glitter
Die Seife kräftig einfärben (siehe Mischanleitung). Dann beide Kordelenden zusammenlegen und in die Aussparung der Hummerform *(Form „Maritim“)* drücken. Den ersten Hummer gießen. Dann den Glitter in die restliche Seifenmasse rühren und den 2. Hummer damit gießen.

5. TRANSPARENTE MUSCHELN

Ca. 60 ml Seife Transparent, Duft: Ocean Breeze, 2 Muscheln, 1 kleiner Seestern
3 Muschelformen *(Form „Tiere“)* mit transparenter Seife ausgießen, und in jede Form je eine Muschel bzw. einen Seestern legen.

6. UNTER WASSER

Ca. 100 ml Seife Transparent, Duft: Frühlingsduft, 1 kleinen Kunststoff-Seehund, 1 Seestern
Das Oval in der Grundform halb mit transparenter Seife ausgießen und erkalten lassen. Den Seehund und den Seestern mit der Unterseite nach unten auf die Seifenschicht setzen und die Form auffüllen.

RICO DESIGN
3
4
5

FARBTABELLE SEIFE TRANSPARENT

Angaben = Anzahl Farbtropfen pro ml Seife

Gelb	6 – 50 ml	3 – 50 ml	1 – 50 ml
Orange	9 – 50 ml	6 – 50 ml	3 – 50 ml
Rosen-Rot	6 – 50 ml	3 – 50 ml	1 – 50 ml
Himbeer-Rot	4 – 50 ml	2 – 50 ml	1 – 50 ml
Grün	5 – 50 ml	3 – 50 ml	1 – 50 ml
Blau	4 – 50 ml	2 – 50 ml	1 – 50 ml

Mischfarben

Schwarz	6 (Gelb), 6 (Rot), 6 (Blau) – 50 ml	3 (Gelb), 3 (Rot), 3 (Blau) – 50 ml	1 (Gelb), 1 (Rot), 1 (Blau) – 50 ml
Braun	9 (Gelb), 9 (Rot), 9 (Grün) – 50 ml	6 (Gelb), 6 (Rot), 6 (Grün) – 50 ml	4 (Gelb), 4 (Rot), 4 (Grün) – 50 ml
Violett	5 (Himbeer), 3 (Blau) – 50 ml	3 (Himbeer), 1 (Blau) – 50 ml	1 (Himbeer), 1 (Blau) – 50 ml

FARBTABELLE SEIFE OPAK

Angaben = Anzahl Farbtropfen pro ml Seife

Gelb	20 – 50 ml	10 – 50 ml	2 – 50 ml
Orange	18 – 50 ml	8 – 50 ml	2 – 50 ml
Rosen-Rot	12 – 50 ml	6 – 50 ml	2 – 50 ml
Himbeer-Rot	6 – 50 ml	3 – 50 ml	1 – 50 ml
Grün	20 – 50 ml	8 – 50 ml	2 – 50 ml
Blau	5 – 50 ml	3 – 50 ml	1 – 50 ml

Mischfarben

Braun	20 (Gelb), 20 (Himbeer), 20 (Grün) – 50 ml	10 (Gelb), 10 (Himbeer), 10 (Grün) – 50 ml	5 (Gelb), 5 (Himbeer), 5 (Grün) – 50 ml
Violett	7 (Himbeer), 1 (Blau) – 50 ml	7 (Himbeer), 1 (Blau) – 100 ml	7 (Himbeer), 1 (Blau) – 200 ml